škola - escuela 2
putovanje - viaje 5
transport - transporte 8
grad - ciudad 10
krajolik - paisaje 14
restoran - restaurante 17
supermarket - supermercado 20
piće - bebidas 22
jelo - comida 23
seosko imanje - granja 27
kuća - casa 31
dnevni boravak - sala 33
kuhinja - cocina 35
kupatilo - cuarto de baño 38
dječija soba - habitación de los niños 42
odjeća - ropa 44
ured - oficina 49
ekonomija - economía 51
zanimanja - oficios 53
alat - herramientas 56
muzički instrumenti - instrumentos musicales 57
zološki vrt - zoo 59
sport - deportes 62
aktivnosti - actividades 63
porodica - familia 67
tijelo - cuerpo 68
bolnica - hospital 72
hitna pomoć - urgencia 76
Zemlja - tierra 77
sat - hora(s) 79
sedmica, nedjelja - semana 80
godina - año 81
oblici - formas 83
boje - colores 84
suprotnosti - opuestos 85
brojevi - números 88
jezici - idiomas 90
ko / šta / gdje - quién / qué / cómo 91
gdje - dónde 92

Impressum
Verlag: BABADADA GmbH, Nedderfeld 112 , 22529 Hamburg
Geschäftsführer / Verlagsleitung: Harald Hof
Druck: Books on Demand GmbH, In de Tarpen 42, 22848 Norderstedt

Imprint
Publisher: BABADADA GmbH, Nedderfeld 112 , 22529 Hamburg, Germany
Managing Director / Publishing direction: Harald Hof
Print: Books on Demand GmbH, In de Tarpen 42, 22848 Norderstedt, Germany

škola
escuela

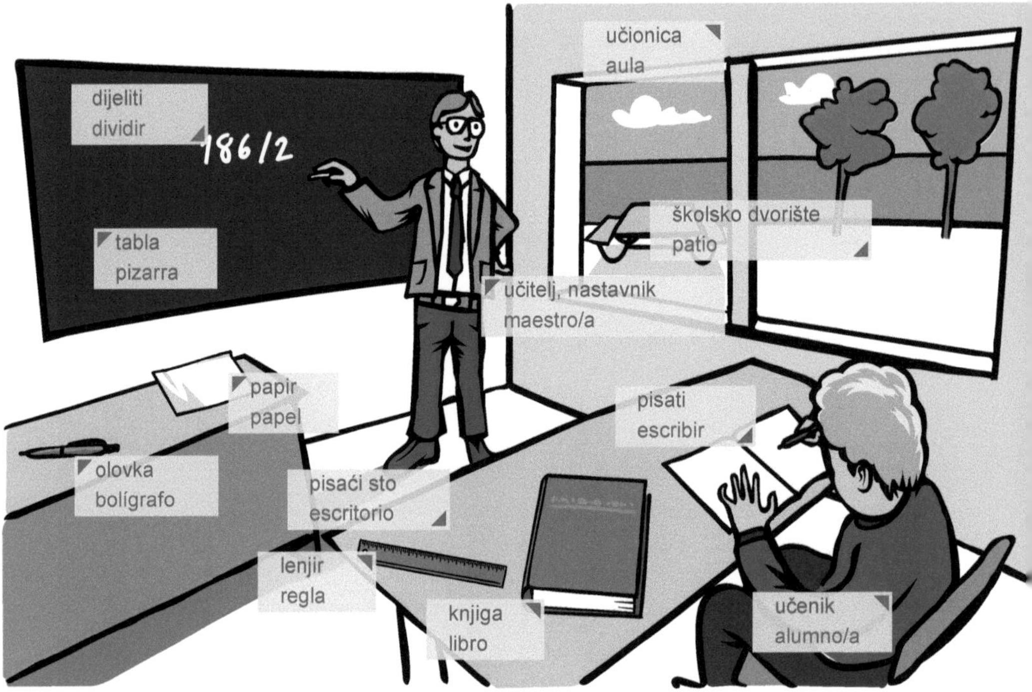

učionica
aula
dijeliti
dividir
186/2
tabla
pizarra
školsko dvorište
patio
učitelj, nastavnik
maestro/a
papir
papel
pisati
escribir
olovka
bolígrafo
pisaći sto
escritorio
lenjir
regla
knjiga
libro
učenik
alumno/a

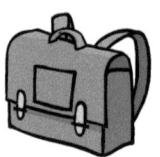

torba
cartera

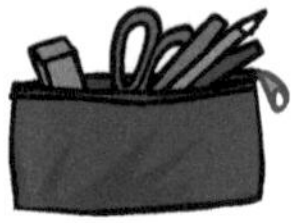

pernica
caja de lápices

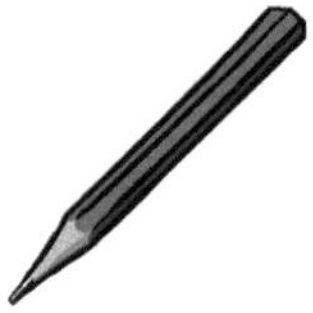

drvena olovka
lápiz

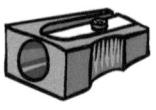

šiljalo za olovke
sacapuntas

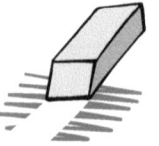

gumica
goma de borrar

blok za crtanje
cuaderno de dibujo

crtež
dibujo

kist
pincel

kutija s bojama
caja de pinturas

makaze
tijeras

ljepilo
pegamento

vježbanka
cuaderno de ejercicios

domaća zadaća
deberes

broj
número

sabirati
sumar

oduzimati
restar

množiti
multiplicar

računati
calcular

slovo
letra

abeceda
alfabeto

riječ
palabra

tekst
texto

čitati
leer

kreda
tiza

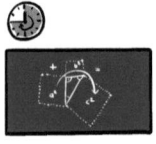

sat
lección

školski dnevnik
cuaderno de notas

ispit
examen

svjedočanstvo
certificado

školska uniforma
uniforme escolar

izobrazba
educación

leksikon
enciclopedia

univerzitet
universidad

mikroskop
microscopio

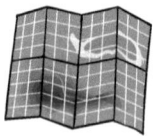

karta
mapa

korpa za papir
papelera

putovanje
viaje

hotel
hotel
Grand
hostel
albergue
ROOMS
mjenjačnica
oficina de cambio de divisas
EXCHANGE
kofer
maleta
auto
coche

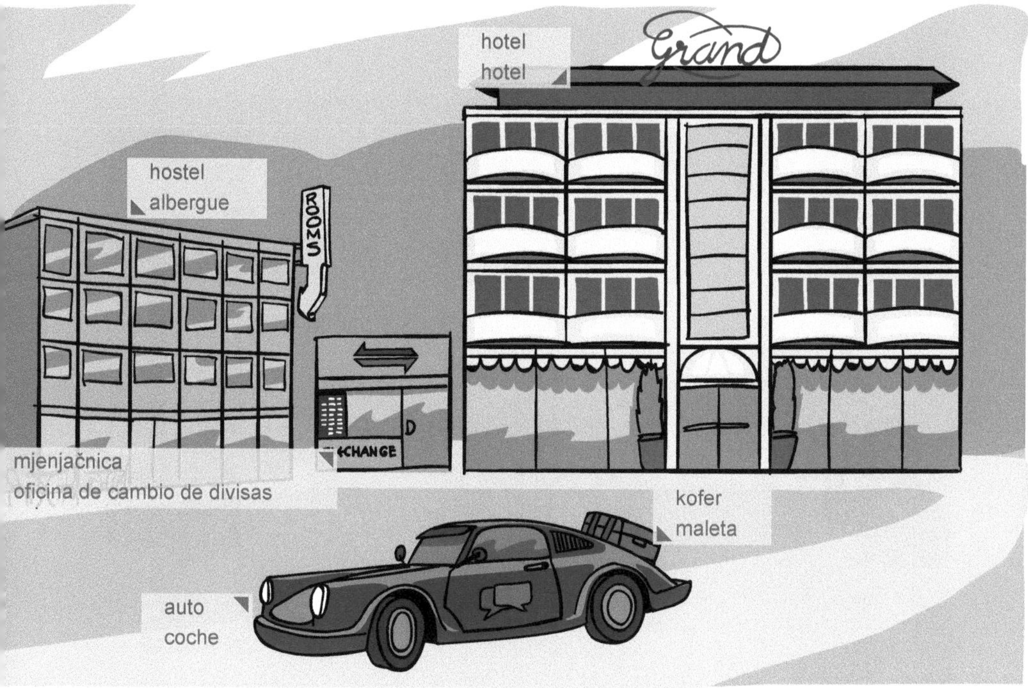

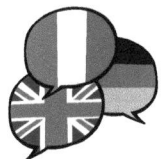

jezik

idioma

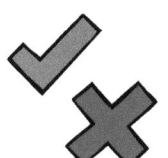

da / ne

sí / no

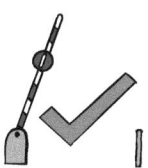

okej

Vale

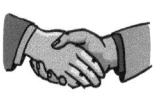

zdravo

hola

tumač

traductor

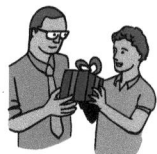

hvala

Gracias

Koliko košta...?

¿cuánto es...?

Ne razumijem

No entiendo

problem

problema

dobro veče!

¡Buenas tardes!

Dobro jutro!

¡Buenos días!

Laku noć!

¡Buenas noches!

doviđenja

adiós

smjer

dirección

prtljag

equipaje

torba

bolsa

ruksak

mochila

gost

invitado

soba

habitación

vreća za spavanje

saco de dormir

šator

tienda de campaña

turističke informacije

información turística

plaža

playa

kreditna kartica

tarjeta de crédito

doručak

desayuno

ručak

almuerzo

večera

cena

putna karta

billete

lift

ascensor

poštanska markica

sello

granica

frontera

carina

aduana

ambasada

embajada

viza

visa

pasoš

pasaporte

transport
transporte

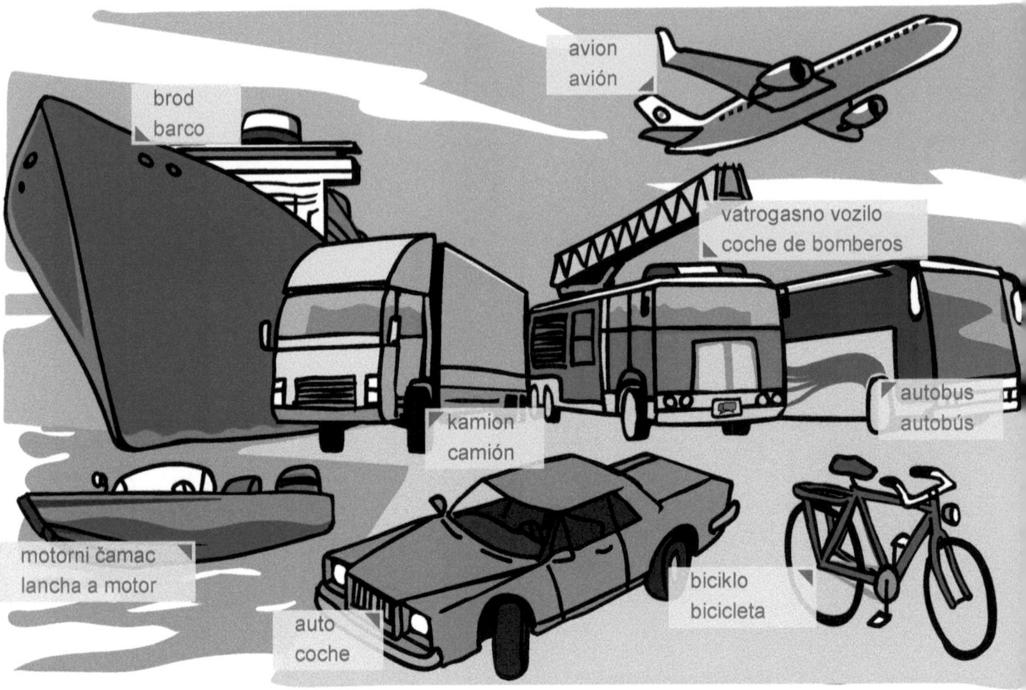
avion
avión
brod
barco
vatrogasno vozilo
coche de bomberos
autobus
autobús
kamion
camión
motorni čamac
lancha a motor
biciklo
bicicleta
auto
coche

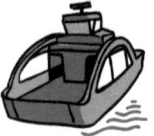

trajekt

transbordador

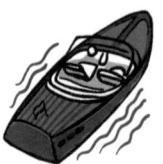

brod

barca

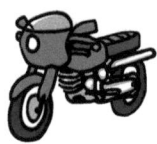

motocikl

moto

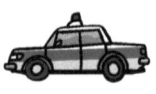

policijski automobil

coche de policía

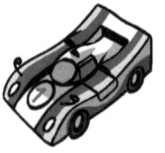

trkaći automobil

coche de carreras

unajmljeni automobil

coche de alquiler

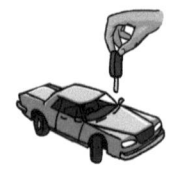

kar-šering

préstamo de vehículos

pauk

grúa

smećarsko vozilo

camión de la basura

motor

motor

gorivo

gasolina

benzinska pumpa

gasolinera

saobraćajni znak

señal de tráfico

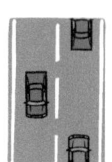

saobraćaj

tráfico

zastoj

atasco

parking

aparcamiento

željeznička stanica

estación de tren

šine

vías

voz

tren

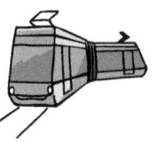

tramvaj

tranvía

vagon

vagón

helikopter

helicóptero

aerodrom

aeropuerto

toranj

torre

putnik

pasajero

kontejner

contenedor

karton

caja de cartón

tačke

carretilla

korpa

cesta

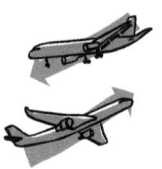

poletjeti / sletjeti

despegar / aterrizar

grad
ciudad

selo

pueblo

centar grada

centro de ciudad

kuća

casa

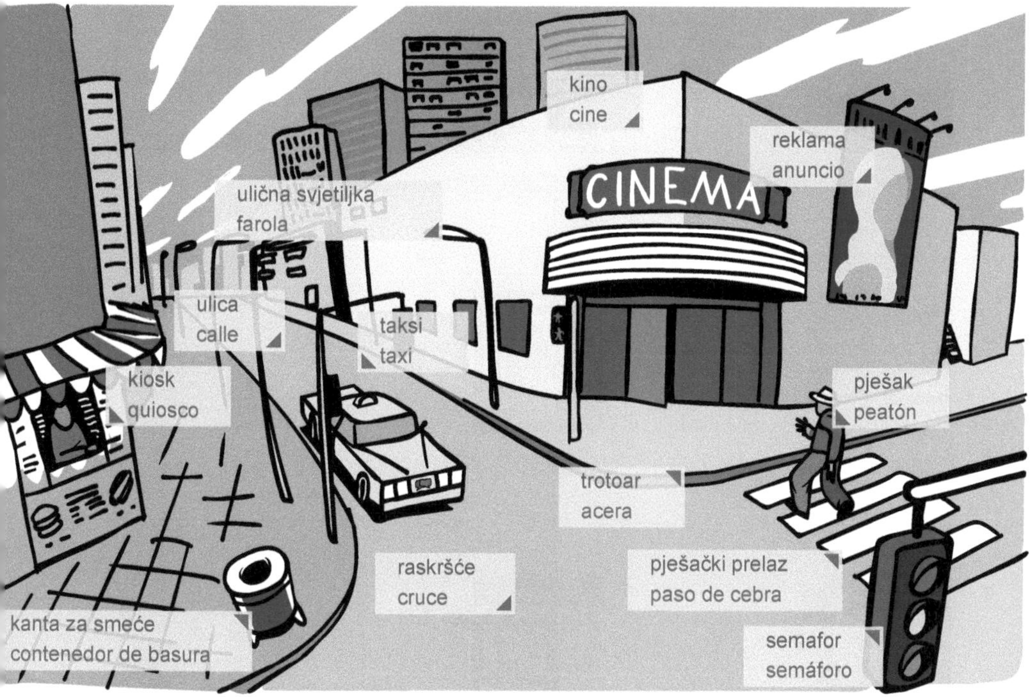

kino
cine

reklama
anuncio

ulična svjetiljka
farola

ulica
calle

taksi
taxi

pješak
peatón

kiosk
quiosco

trotoar
acera

raskršće
cruce

pješački prelaz
paso de cebra

kanta za smeće
contenedor de basura

semafor
semáforo

koliba
....
cabaña

stan
....
apartamento

željeznička stanica
....
estación de tren

vjećnica
....
ayuntamiento

muzej
....
museo

škola
....
escuela

univerzitet

universidad

banka

banco

bolnica

hospital

hotel

hotel

apoteka

farmacia

ured

oficina

knjižara

librería

radnja

tienda

cvjećara

floristería

supermarket

supermercado

pijaca

mercado

robna kuća

grandes almacenes

prodavač ribe

pescadería

trgovački centar

centro comercial

luka

puerto

park
parque

klupa
banco

most
puente

stepenice
escaleras

podzemna željeznica
metro

tunel
túnel

autobuska stanica
parada de autobús

bar
bar

restoran
restaurante

poštanski sandučić
buzón

saobraćajni znak
poste indicador

sat za naplatu parkinga
parquímetro

zoološki vrt
zoo

bazen
piscina

džamija
mezquita

seosko imanje

granja

zagađenje okoline

contaminación

groblje

cementerio

crkva

iglesia

igralište

patio de juego

hram

templo

krajolik

paisaje

list
hoja

putokaz
señal

putokaz
camino

livada
prado

kamen
piedra

drvo
árbol

putnik
excursionista

rijeka
río

trava
hierba

cvijet
flor

dolina
valle

brdo
colina

jezero
lago

šuma
bosque

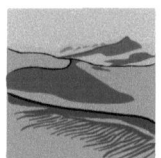

pustinja
desierto

vulkan
volcán

dvorac
castillo

duga
arcoíris

gljiva
champiñón

palma
palmera

komarac
mosquito

muha
mosca

mrav
hormiga

pčela
abeja

pauk
araña

buba

escarabajo

žaba

rana

vjeverica

ardilla

jež

erizo

zec

liebre

sova

lechuza

ptica

pájaro

labud

cisne

divlja svinja

jabalí

jelen

ciervo

los

alce

brana

presa

vjetrenjača

turbina eólica

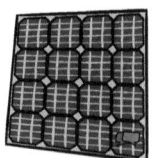

solarni modul

panel solar

klima

clima

restoran
restaurante

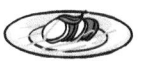

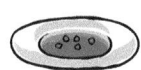

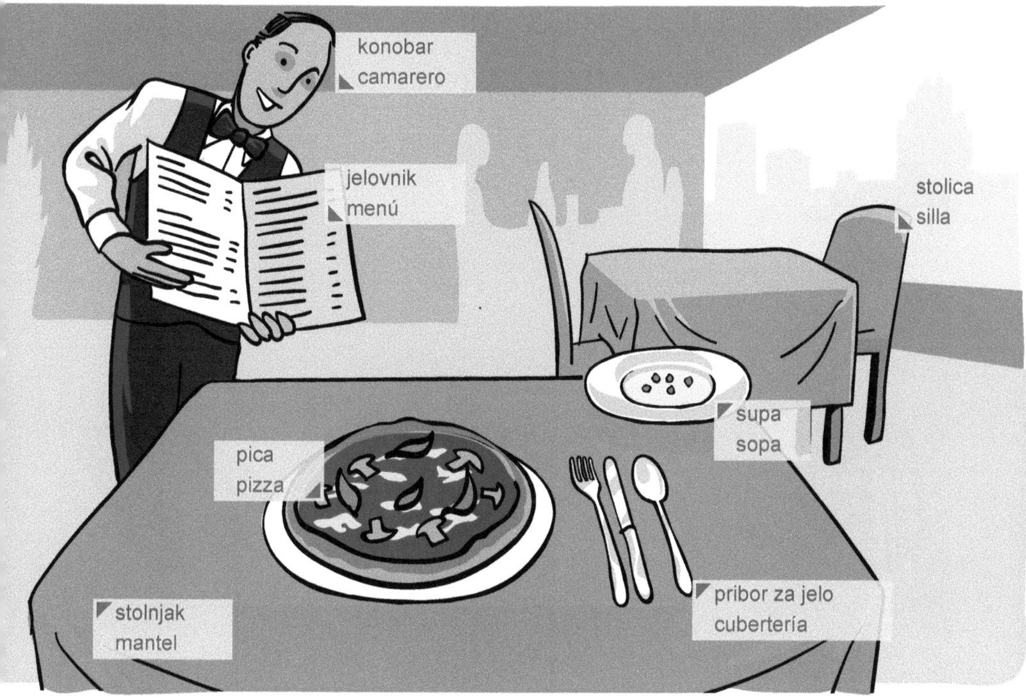

konobar
camarero
jelovnik
menú
stolica
silla
supa
sopa
pica
pizza
pribor za jelo
cubertería
stolnjak
mantel

predjelo

primer plato

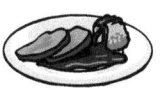

glavno jelo

plato principal

desert

postre

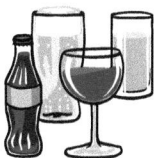

piće

bebidas

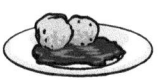

jelo

comida

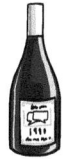

flaša

botella

brza hrana

comida rápida

jelo sa ulice

comida callejera

čajnik

tetera

šećernica

azucarero

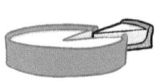

porcija

porción

mašina za espreso

cafetera expreso

barska stolica

trona

račun

cuenta

tacna

bandeja

nož

cuchillo

viljuška

tenedor

kašika

cuchara

kašičica

cucharilla

salveta

servilleta

čaša

vaso

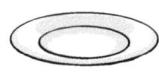

tanjir
plato

tanjir za supu
plato hondo

tanjurić
platillo

sos
salsa

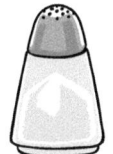

solanik
salero

mlin za biber
molinillo de pimienta

sirće
vinagre

ulje
aceite

začini
especias

kečap
ketchup

senf
mostaza

majoneza
mayonesa

supermarket
supermercado

ponuda
oferta especial
FOR
klijent
cliente
mliječni proizvodi
lácteos
voće
fruta
kolica za kupovinu
carro de la compra

BUTCHERS

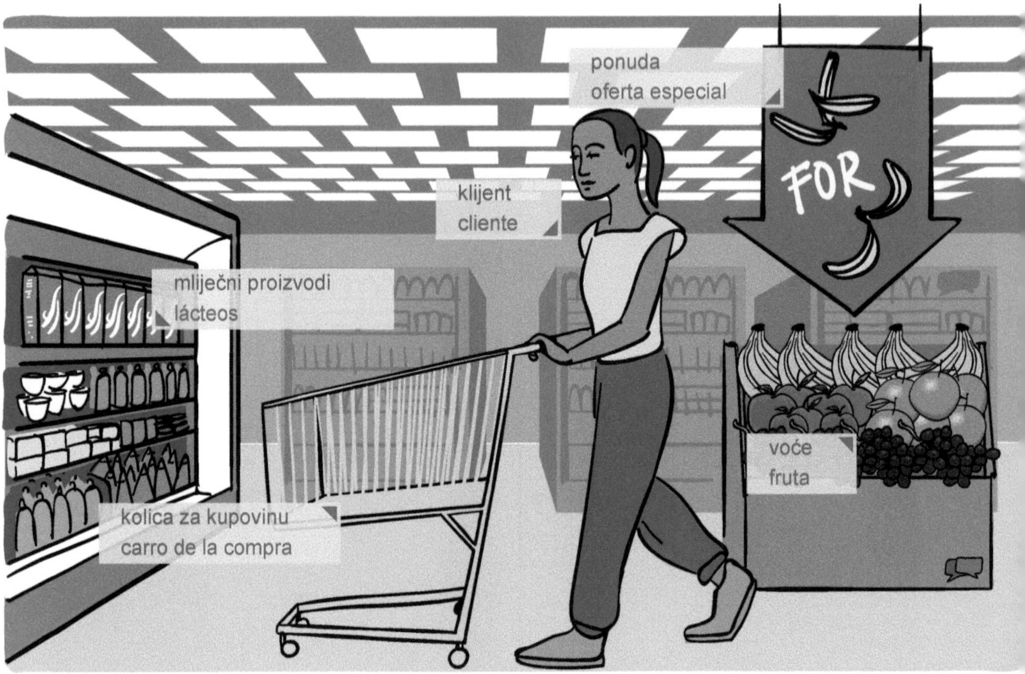

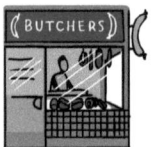

mesnica- klaonica

carnicería

BAKERY

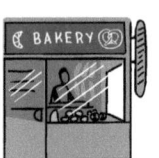

pekara

panadería

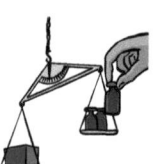

vagati

pesar

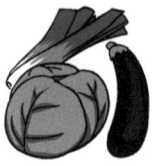

povrće

verduras

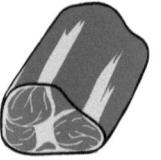

meso

carne

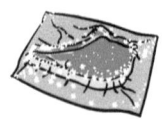

zaleđena hrana

alimentos congelados

narezak

fiambres

konzerve

conservas

prašak za veš

detergente en polvo

slatkiši

dulces

kućanski proizvodi

productos de uso doméstico

sredstvo za čišćenje

productos de limpieza

prodavačica

vendedora

kasa

caja

blagajnik

cajero

lista za kupovinu

lista de la compra

radno vrijeme

horario de atención al público

novčanik

cartera

kreditna kartica

tarjeta de crédito

torba

bolsa

najlonska vrećica

bolsa de plástico

voda

agua

sok

zumo

mlijeko

leche

kola

cola

vino

vino

pivo

cerveza

alkohol

alcohol

kakao

cacao

čaj

té

kafa

café

espreso

expreso

kapućino

capuchino

banana
plátano

jabuka
manzana

narandža
naranja

lubenica
melón

limun
limón

mrkva
zanahoria

bijeli luk
ajo

bambus
bambú

crveni luk
cebolla

gljiva
champiñón

orašasti plodovi
avellanas

pasta
fideos

špagete

espagueti

riža

arroz

salata

ensalada

pomfrit

patatas fritas

pečeni krompir

patatas fritas

pica

pizza

hamburger

hamburguesa

sendvič

sándwich

šnicla

filete

šunka

jamón

kobasica

salami

kobasica

salchicha

kokoš

pollo

pečenje

asado

riba

pescado

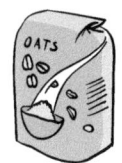

zobene pahuljice

copos de avena

muzli

muesli

kornfleks

copos de maíz

brašno

harina

kroason

cruasán

zemičke

panecillo

kruh

pan

tost

tostada

keksi

galletas

maslac

mantequilla

svježi sir

cuajada

kolač

pastel

jaje

huevo

jaje na oko

huevo frito

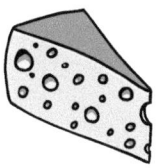

sir

queso

sladoled

helado

šećer

azúcar

med

miel

marmelada

mermelada

nugat krema

crema de turrón

kuri

curry

seosko imanje
granja

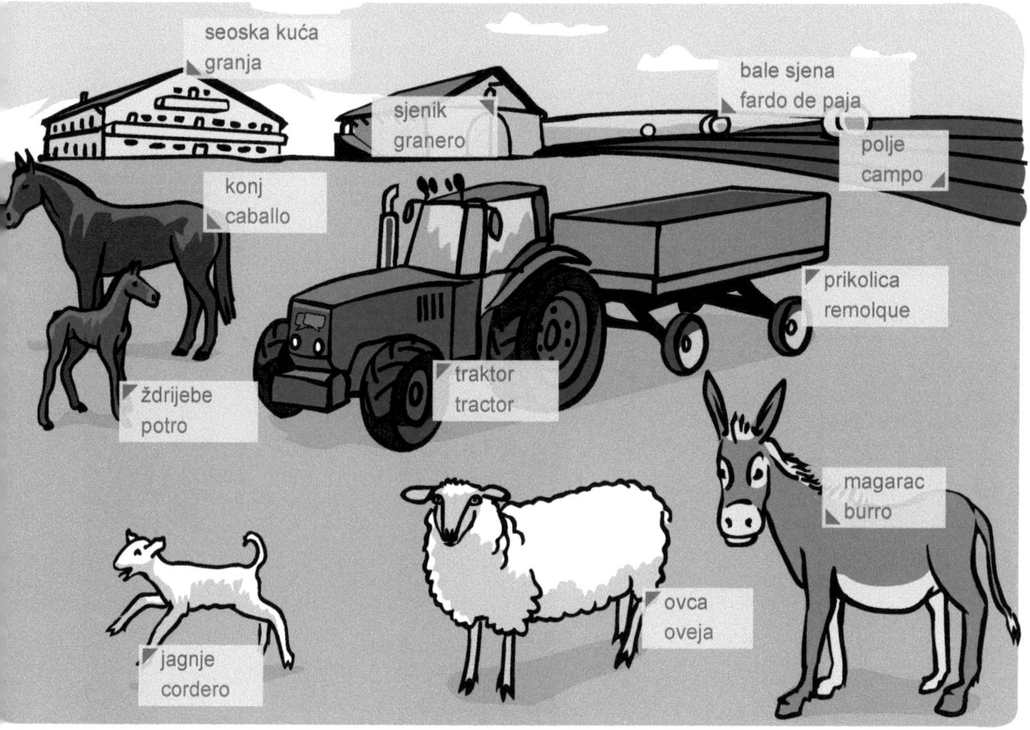
seoska kuća
granja
sjenik
granero
bale sjena
fardo de paja
polje
campo
konj
caballo
prikolica
remolque
traktor
tractor
ždrijebe
potro
magarac
burro
ovca
oveja
jagnje
cordero

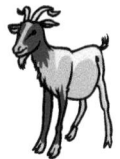

koza
cabra

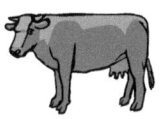

krava
vaca

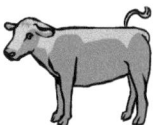

tele
ternero

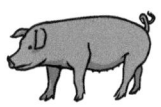

svinja
cerdo

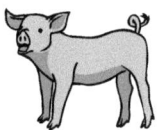

prase
cerdito

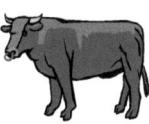

bik
toro

guska
ganso

patka
pato

pile
pollo

kokoška
gallina

pjetao
gallo

pacov
rata

mačka
gato

miš
ratón

vol
buey

pas
perro

pseća kućica
perrera

crijevo za baštu
manguera

kanta za zalijevanje
regadera

kosa
guadaña

plug
arado

srp
hoz

motika
azada

vile
horca

sjekira
hacha

tačke
carretilla

korito
abrevadero

bokal za mlijeko
lechera

vreća
saco

ograda
valla

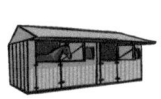

štala
establo

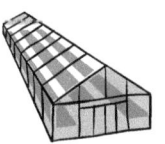

staklenik
invernadero

tlo
suelo

sjeme
semilla

đubrivo
fertilizador

kombajn
cosechadora

kositi

cosechar

žetva

cosecha

jam korijen

ñame

pšenica

trigo

soja

soja

krompir

patata

kukuruz

maíz

uljana repica

semilla de colza

drvo voća

árbol frutal

manioka

mandioca

žito

cereales

kuća
casa

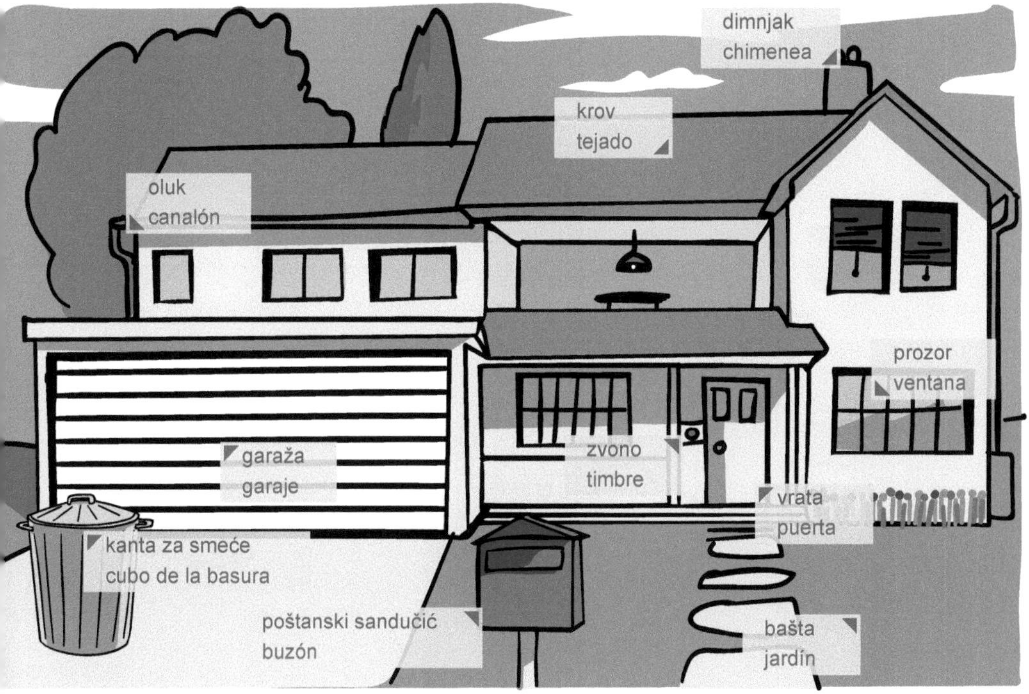

dimnjak
chimenea
krov
tejado
oluk
canalón
prozor
ventana
zvono
timbre
garaža
garaje
vrata
puerta
kanta za smeće
cubo de la basura
poštanski sandučić
buzón
bašta
jardín

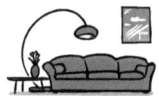

dnevni boravak

sala

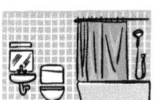

kupatilo

cuarto de baño

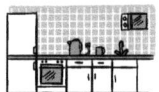

kuhinja

cocina

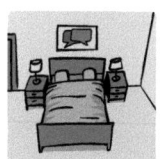

spavaća soba

dormitorio

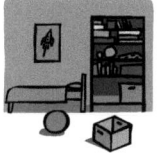

dječija soba

habitación de los niños

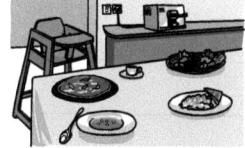

trpezarija

comedor

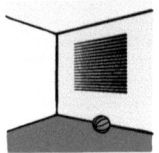

pod, tlo

suelo

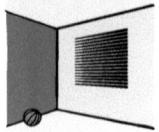

zid

pared

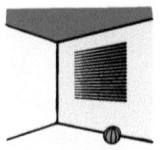

plafon

techo

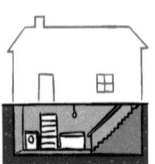

podrum

sótano

sauna

sauna

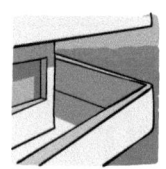

balkon

balcón

terasa

terraza

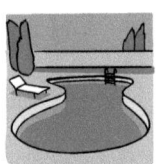

bazen

piscina

kosilica

cortacésped

posteljina

sábana

pokrivač

colcha

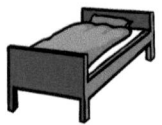

krevet

cama

metla

escoba

kanta

balde

prekidač

interruptor

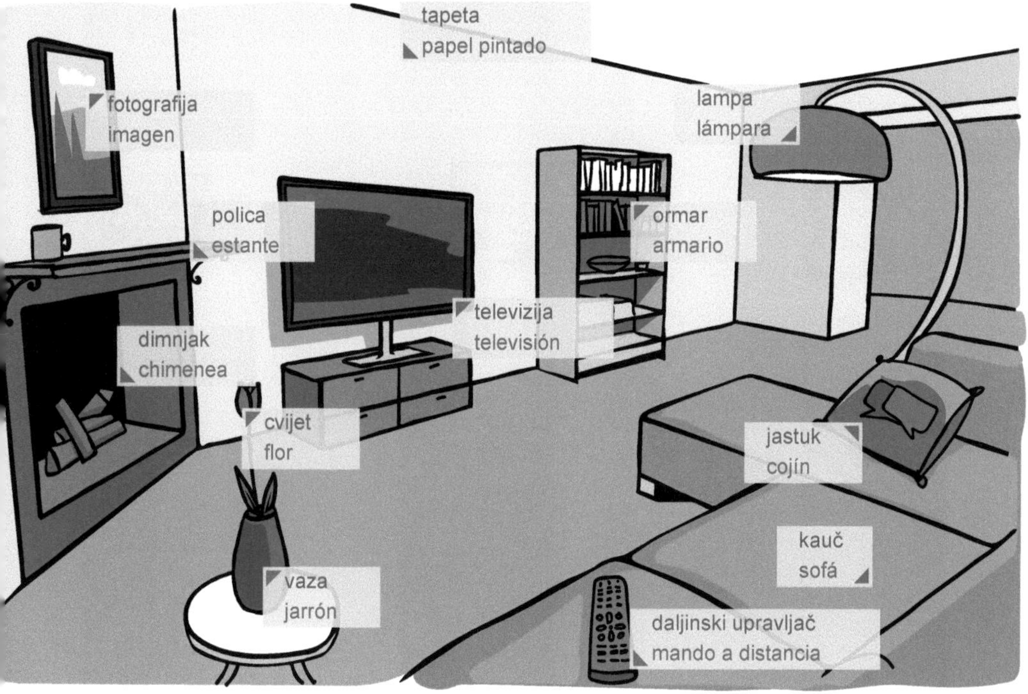

tapeta
papel pintado

fotografija
imagen

lampa
lámpara

polica
estante

ormar
armario

dimnjak
chimenea

televizija
televisión

cvijet
flor

jastuk
cojín

kauč
sofá

vaza
jarrón

daljinski upravljač
mando a distancia

tepih
alfombra

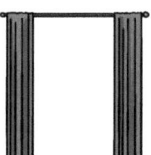

zavjesa
cortina

stol
mesa

stolica
silla

stolica za ljuljanje
mecedora

fotelja
butaca

knjiga

libro

deka

manta

dekoracija

decoración

ložno drvo

leña

film

película

stereo uređaj

equipo de música

ključ

llave

novine

periódico

umjetnička slika

pintura

poster

póster

radio

radio

blok za bilješke

cuaderno

usisavač

aspiradora

kaktus

cactus

svijeća

vela

kuhinja
cocina

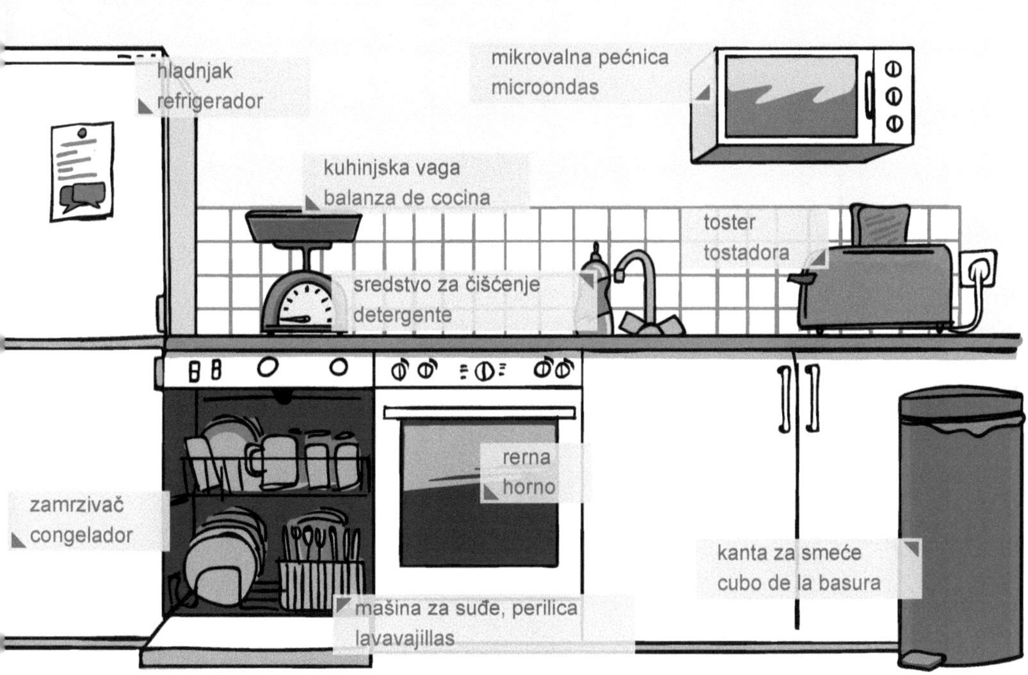
hladnjak
refrigerador
mikrovalna pećnica
microondas
kuhinjska vaga
balanza de cocina
toster
tostadora
sredstvo za čišćenje
detergente
rerna
horno
zamrzivač
congelador
kanta za smeće
cubo de la basura
mašina za suđe, perilica
lavavajillas

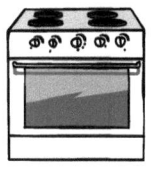

peć
olla a presión

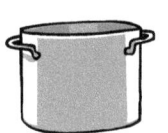

lonac
olla

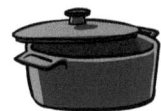

metalni lonac
olla de hierro fundido

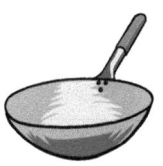

vok / kadai
wok / karahi

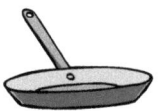

tava, tiganj
cazuela

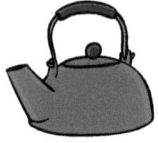

kuhalo
hervidor

aparat za kuhanje na pari

vaporera

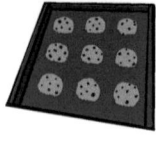

lim za pečenje

chapa de horno

posuđe

vajilla

šalica

taza

činija

tazón

kineski štapići

palillos

kutlača

cucharón

lopatica

espumadera

metlica za snijeg bjelanjca

batidor

sito za kuhanje

colador

sito

cedazo

ribež

rallador

avan s tučkom

mortero

roštilj

barbacoa

ložište

hoguera

kuhinja - cocina

daska

tabla de picar

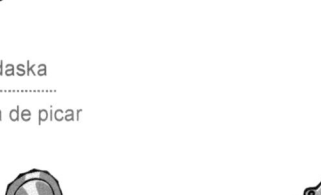

oklagija

rodillo

vadičep

sacacorchos

konzerva

lata

otvarač za konzerve

abrelatas

krpe za lonac

agarrador

sudoper

lavabo

četka

cepillo

spužva

esponja

mikser

batidora

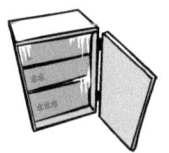

zamrzivač

congelador

flašica za bebu

biberón

slavina

grifo

kupatilo
cuarto de baño

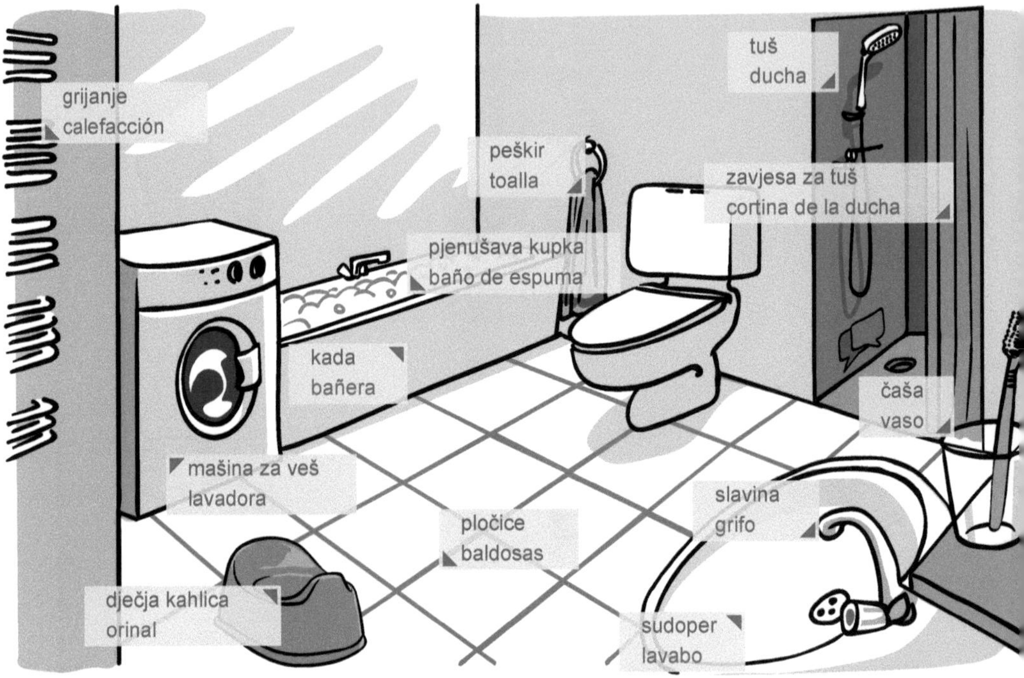
grijanje
calefacción
tuš
ducha
peškir
toalla
zavjesa za tuš
cortina de la ducha
pjenušava kupka
baño de espuma
kada
bañera
čaša
vaso
mašina za veš
lavadora
slavina
grifo
pločice
baldosas
dječja kahlica
orinal
sudoper
lavabo

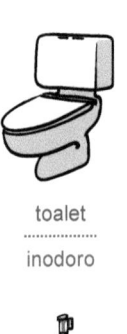

toalet
inodoro

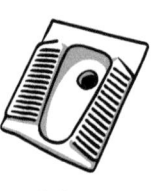

čučavac
inodoro rústico

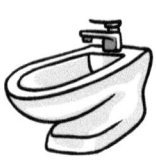

bide
bidé

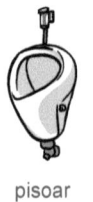

pisoar
urinario

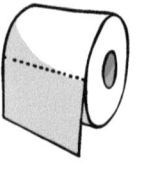

toalet papir
papel higiénico

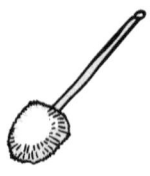

četka za wc
escobilla del váter

četkica za zube

cepillo de dientes

pasta za zube

pasta de dientes

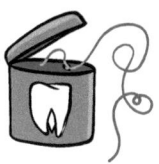

zubni konac

hilo dental

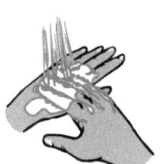

prati

lavar

tuš

ducha de mano

intimni tuš

ducha íntima

lavor

pila

četka za leđa

cepillo de espalda

sapun

jabón

gel za tuširanje

gel de ducha

šampon

champú

krpe za pranje

toallita

odvod

desagüe

krema

crema

dezodorans

desodorante

ogledalo

espejo

ogledalo za šminkanje

espejo de tocador

brijač

maquinilla de afeitar

pjena za brijanje

espuma de afeitar

vodica poslije brijanja

loción postafeitado

češalj

peine

četka

cepillo

fen

secador

sprej za kosu

laca

puder

maquillaje

karmin

pintalabios

lak za nokte

pintauñas

vata

algodón

makazice za nokte

cortauñas

parfem

perfume

kozmetička torbica

estuche de viaje

hoklica

banqueta

vaga

balanza

kupaći ogrtač

albornoz

rukavice za čišćenje

guantes de goma

tampon

tampón

uložak za dame

compresa

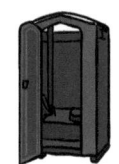

hemijski toalet

inodoro químico

dječija soba
habitación de los niños

budilnik
despertador
plišana igračka
peluche
auto za igru
coche de juguete
zvečka
sonajero
kućica za lutke
casa de muñecas
poklon
regalo

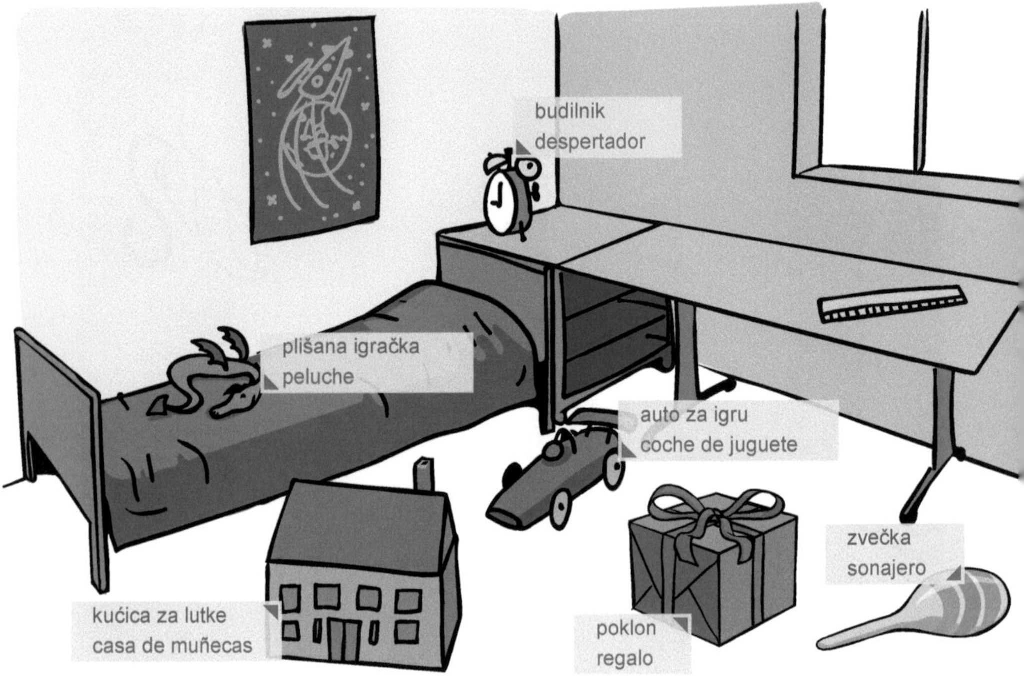

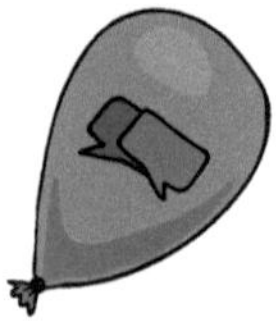

balon

globo

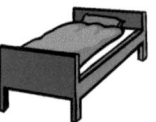

krevet

cama

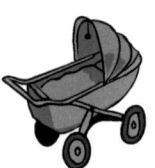

kolica za djecu

coche de niño

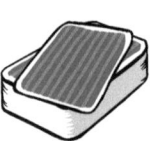

karte za igranje

naipes

puzle

puzle

SUPER MEGA

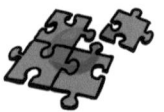

strip

tebeo

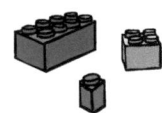

lego kockice

piezas de lego

kockice za gradnju

bloques de juguete

akcione figure

figura de acción

benkica

bodi (de bebé)

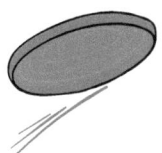

frizbi

frisbee

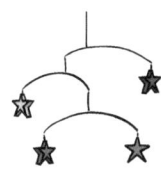

mobile

colgador móvil para bebés

igra na ploči

juego de mesa

kocka

dados

miniatura željeznice

circuito de tren eléctrico

cucla

maniquí

zabava

fiesta

slikovnica

álbum de fotos

lopta

pelota

lutka

muñeca

igrati

jugar

pješćanik
....
cajón de arena

ljuljačka
....
columpio

igračke
....
juguetes

konzola za igru
....
videoconsola

triciklo
....
triciclo

medvjedić
....
oso de peluche

ormar
....
guardarropa

odjeća

ropa

kratke čarape
....
calcetines

čarape
....
medias

hulahopke
....
leotardos

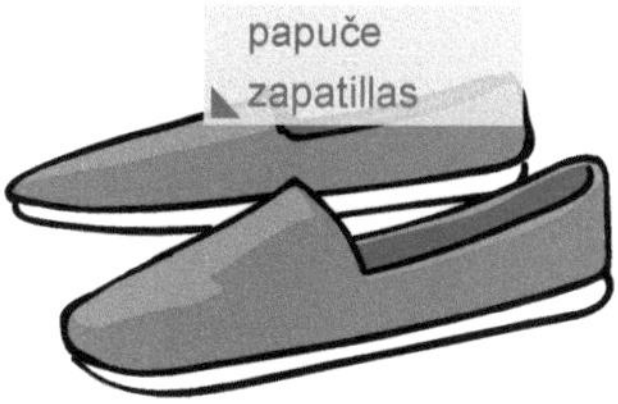

šal
bufanda

kaiš
cinturón

kišobran
paraguas

majica kratkih rukava
camiseta

čizme
botas

papuče
zapatillas

patike
deportivas

sandale
sandalias

cipele
zapatos

gumene čizme
botas de goma

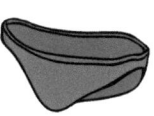
gaće
slip

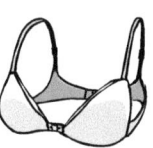
grudnjak
sostén

potkošulja
chaleco

bodi
bodi

hlače
pantalones

farmerke
vaqueros

suknja
falda

bluza
blusa

košulja
camisa

džemper
jersey

majica
suéter

sako
blazer

jakna
chaqueta

mantil
abrigo

kišni mantil
gabardina

kostim
traje

haljina
vestido

vjenčanica
vestido de novia

odijelo

traje

spavaćica

camisón

pidžama

pijama

sari

sari

marama

bandana

turban

turbante

burka

burka

kaftan

caftán

abaja

abaya

kupaći kostim

traje de baño

kupaće gaće

bañador

kratke hlače

pantalones cortos

trenerka

chándal

pregača

delantal

rukavice

guantes

dugme
botón

naočare
gafas

narukvica
brazalete

ogrlica
collar

prsten
anillo

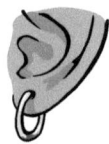

naušnica
pendiente

kapa
gorra

vješalica
percha

šešir
sombrero

kravata
corbata

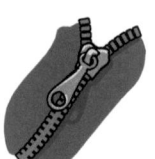

patentni zatvarač
cremallera

kaciga
casco

tregeri za hlače
tirantes

školska uniforma
uniforme escolar

uniforma
uniforme

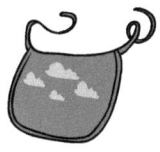

podbradak

babero

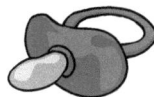

cucla

maniquí

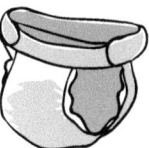

pelene

pañal

ured

oficina

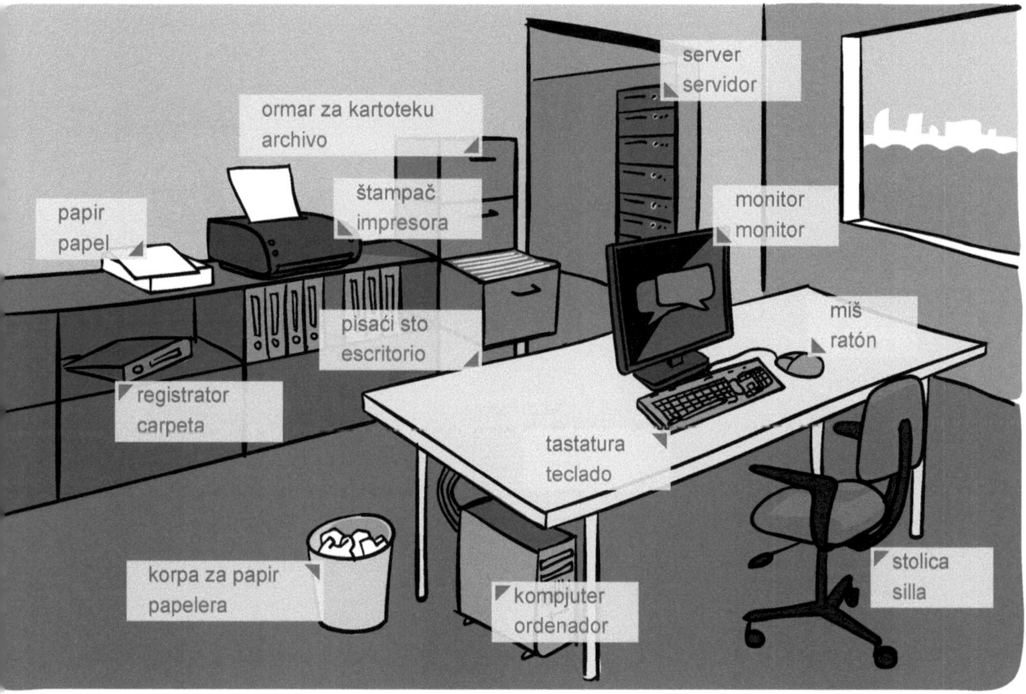

server
servidor
ormar za kartoteku
archivo
štampač
impresora
papir
papel
monitor
monitor
miš
ratón
pisaći sto
escritorio
registrator
carpeta
tastatura
teclado
korpa za papir
papelera
kompjuter
ordenador
stolica
silla

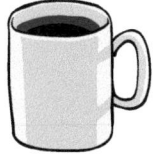

šolja za kafu

taza de café

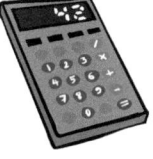

kalkulator

calculadora

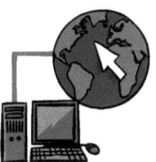

internet

internet

laptop

portátil

pismo

carta

poruka

mensaje

mobilni telefon

móvil

mreža

red

aparat za kopiranje

fotocopiadora

softver

software

telefon

teléfono

utičnica

toma de corriente

faks

fax

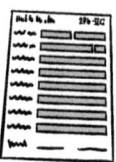

formular

formulario

dokument

documento

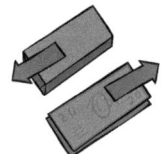

kupovati
comprar

platiti
pagar

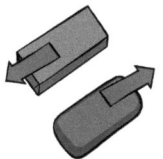

trgovati
comerciar

novac
dinero

dolar
dólar

euro
euro

jen
yen

rublja
rublo

franak
franco suizo

renminbi jen
renminbi yuan

rupi
rupia

bankomat
cajero automático

mjenjačnica

oficina de cambio de divisas

zlato

oro

srebro

plata

nafta

petróleo

energija

energía

cijena

precio

ugovor

contrato

porez

impuesto

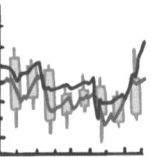

akcija

acción

raditi

trabajar

službenik

empleado

poslodavac

empleador

fabrika

fábrica

radnja

tienda

ekonomija - economía

zanimanja
oficios

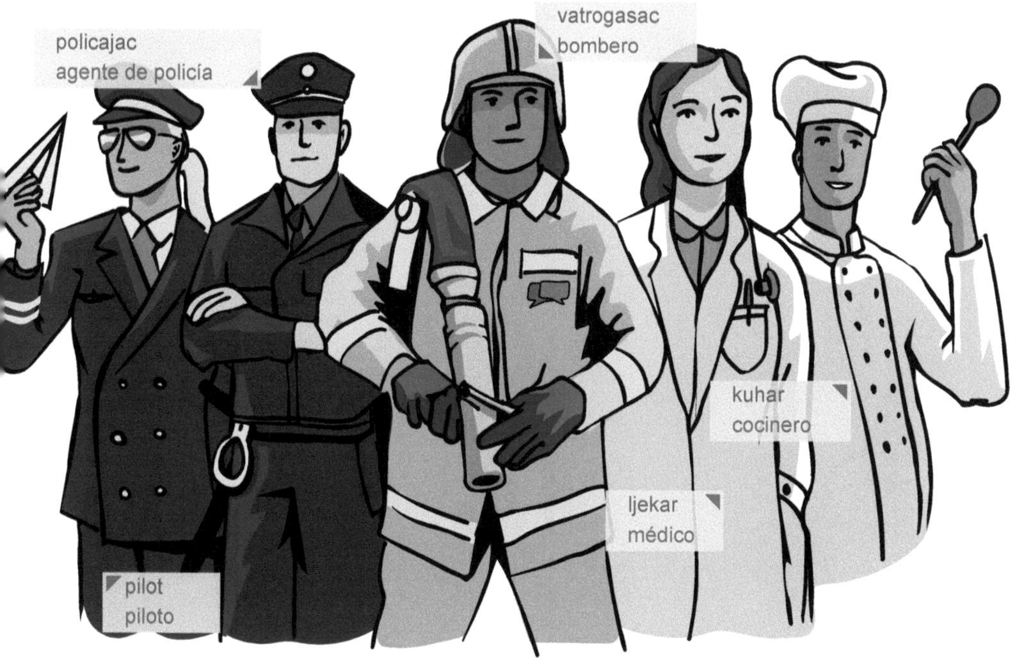
vatrogasac
bombero
policajac
agente de policía
kuhar
cocinero
ljekar
médico
pilot
piloto

baštovan

jardinero

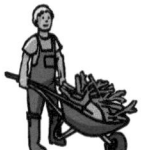

stolar

carpintero

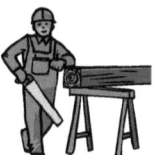

krojačica

costurera

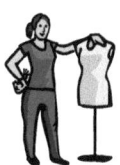

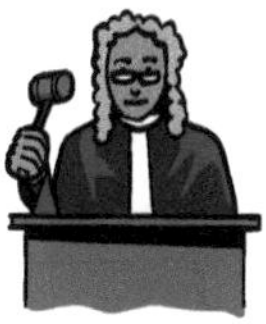

sudija

juez

hemičar

farmacéutico

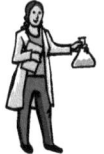

glumac

actor

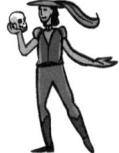

vozač autobusa

conductor de autobús

vozač taksija

taxista

ribar

pescador

čistačica

señora de la limpieza

krovopokrivač

techador

konobar

camarero

lovac

cazador

moler

pintor

pekar

panadero

električar

electricista

građevinski radnik

obrero

inženjer

ingeniero

koljač

carnicero

limar, vodoinstalater

fontanero

poštar

cartero

vojnik

soldado

arhitekta

arquitecto

blagajnik

cajero

cvjećar

florista

frizer

peluquero

kontrolor

revisor

mehaničar

mecánico

kapiten

capitán

zubar

dentista

naučnik

científico

rabin

rabino

imam

imán

monah

monje

sveštenik

sacerdote

alat

herramientas

čekić
martillo
kliješta
alicates
izvijač
destornillador
vijčani ključ
llave
džepna lampa
linterna

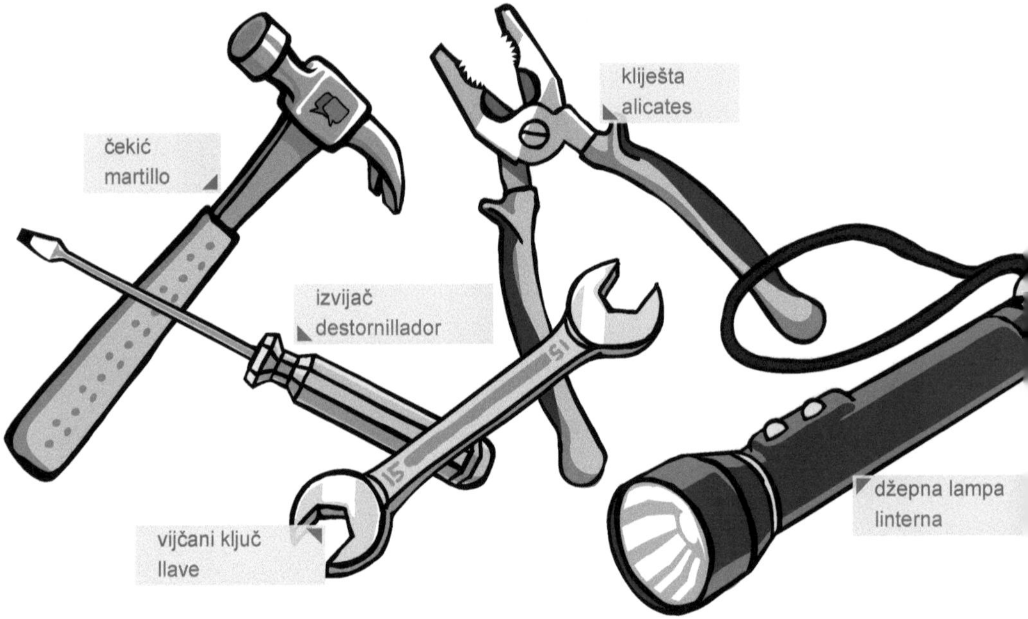

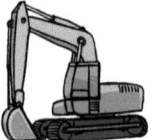

bager

excavadora

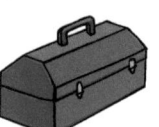

kutija sa alatom

caja de herramientas

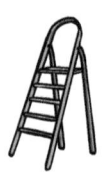

ljestve

escalera de mano

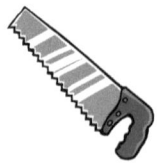

testera, pila

sierra

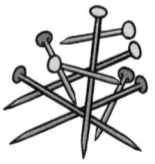

ekser

clavos

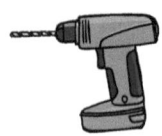

bušilica

taladro

popraviti

reparar

lopata

pala

sranje!

¡Maldita sea!

lopatica

recogedor

kanta boje

bote de pintura

vijak

tornillos

muzički instrumenti

instrumentos musicales

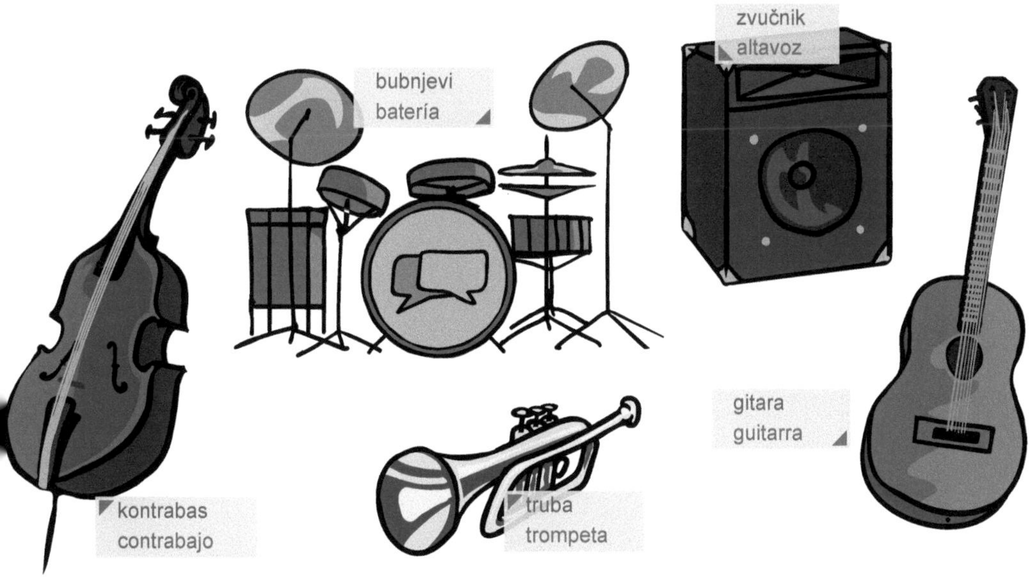

bubnjevi
batería

zvučnik
altavoz

gitara
guitarra

kontrabas
contrabajo

truba
trompeta

klavir

piano

violina

violín

bas

bajo

bubanj timpani

timbales

bubanj

tambor

sintisajzer

teclado

saksofon

saxofón

flauta

flauta

mikrofon

micrófono

zološki vrt

zoo

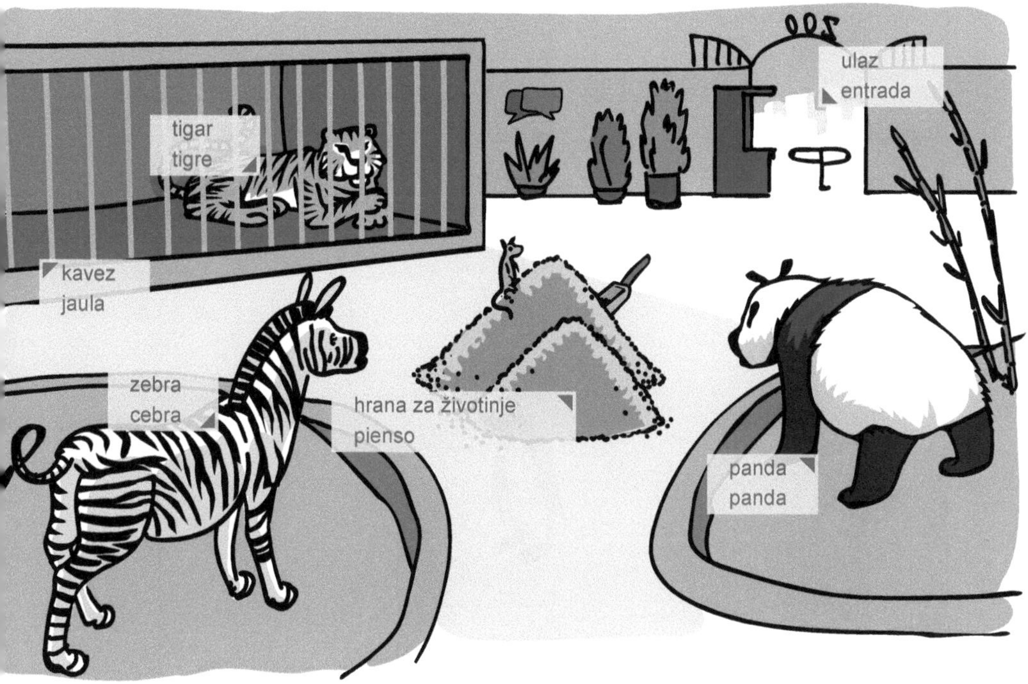

zoo
ulaz
entrada
tigar
tigre
kavez
jaula
zebra
cebra
hrana za životinje
pienso
panda
panda

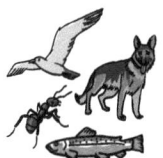

životinje

animales

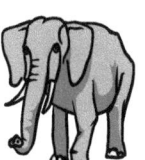

slon

elefante

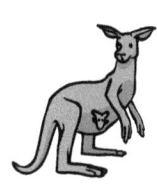

kengur

canguro

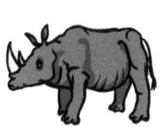

nosorog

rinoceronte

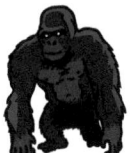

gorila

gorila

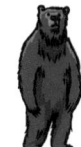

medvjed

oso

kamila

camello

noj

avestruz

lav

león

majmun

mono

flamingo

flamingo

papagaj

loro

polarni medvjed

oso polar

pingvin

pingüino

morski pas

tiburón

paun

pavo real

zmija

serpiente

krokodil

cocodrilo

čuvar u zološkom vrtu

guardián de zoológico

tuljan

foca

jaguar

jaguar

poni
....
poni

leopard
....
leopardo

nilski konj
....
hipopótamo

žirafa
....
jirafa

orao
....
águila

divlja svinja
....
jabalí

riba
....
pescado

kornjača
....
tortuga

morž
....
morsa

lisica
....
zorro

gazela
....
gacela

američki fudbal
fútbol americano

vožnja bicikla
ciclismo

tenis
tenis

košarka
baloncesto

plivanje
natación

boks
boxeo

hokej na ledu
hockey sobre hielo

fudbal	bedminton	laka atletika
fútbol	bádminton	atletismo
rukomet	skijanje	polo
balonmano	esquí	polo

aktivnosti
actividades

skakati
saltar
zagrliti
abrazar
smijati se
reír
ići
caminar
pjevati
cantar
sanjati
soñar
moliti
rezar
ljubiti
besar

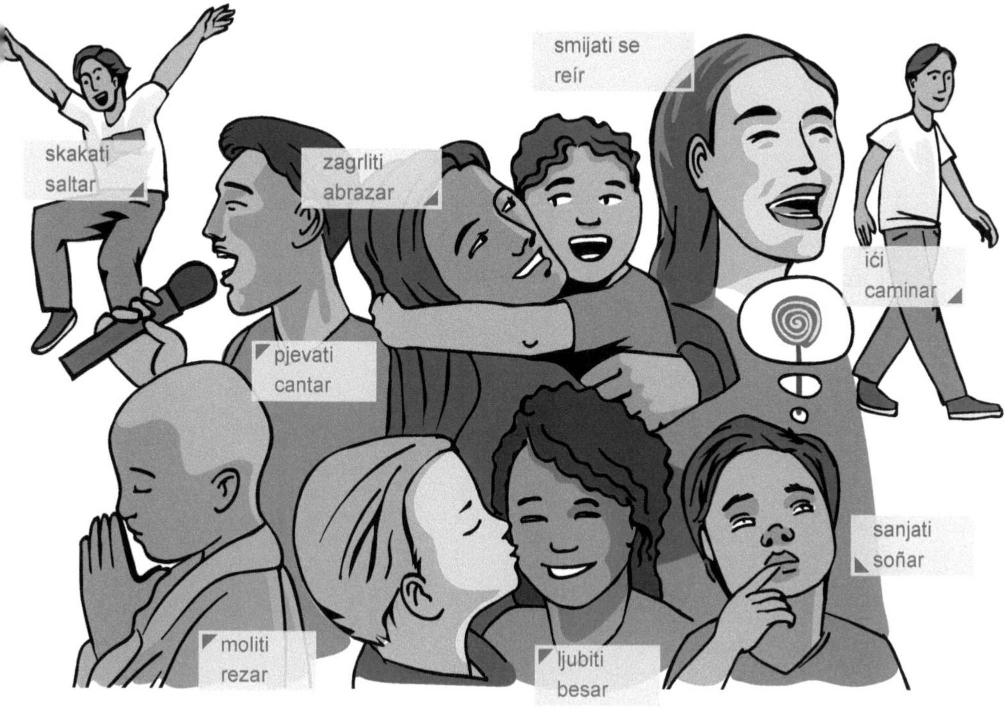

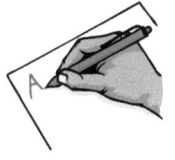

pisati
....
escribir

crtati
....
dibujar

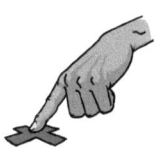

pokazati
....
mostrar

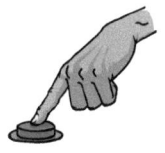

gurati
....
empujar

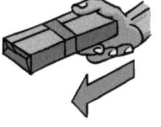

dati
....
dar

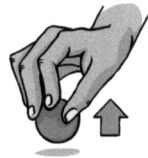

uzeti
....
tomar

imati
tener

raditi
hacer

biti
ser

stajati
estar de pie

trčati
correr

vući
tirar

baciti
tirar

pasti
caer

ležati
yacer

čekati
esperar

nositi
llevar

sjediti
estar sentado

obući
vestirse

spavati
dormir

probuditi
despertar

pogledati

mirar

plakati

llorar

milovati

acariciar

češljati

peinar

govoriti

hablar

razumjeti

entender

pitati

preguntar

slušati

escuchar

piti

beber

jesti

comer

pospremiti

ordenar

voljeti

amar

kuhati

cocinar

voziti

conducir

letjeti

volar

aktivnosti - actividades

jedriti

navegar

računati

calcular

čitati

leer

učiti

aprender

raditi

trabajar

vjenčavti

casarse

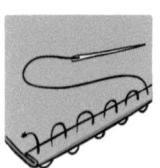

šiti

coser

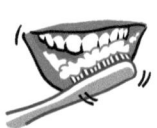

prati zube

cepillarse los dientes

ubiti

matar

pušiti

fumar

slati

enviar

aktivnosti - actividades

porodica
familia

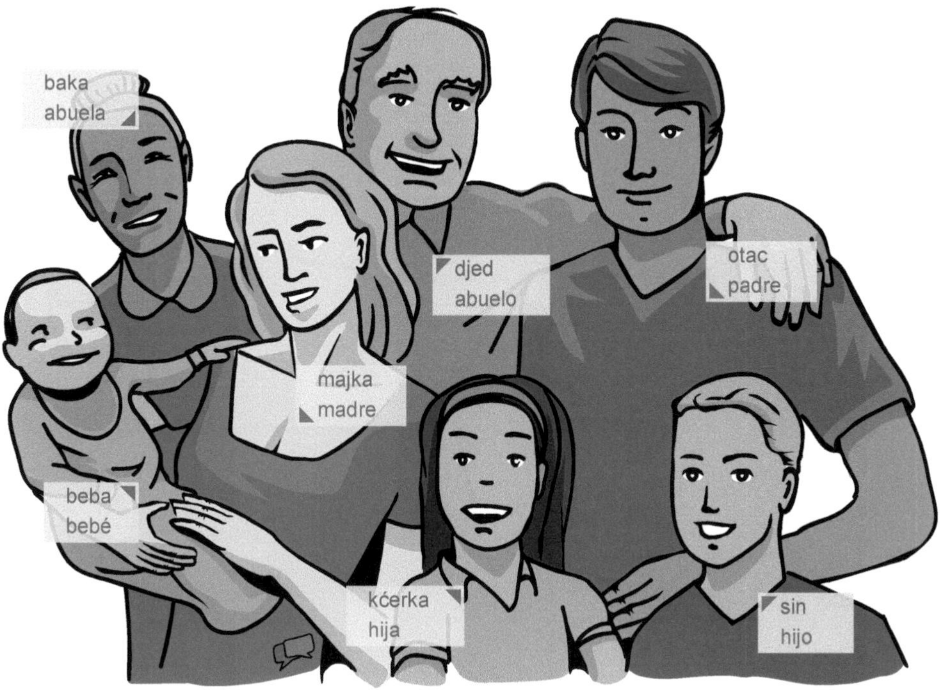
baka
abuela
djed
abuelo
otac
padre
majka
madre
beba
bebé
kćerka
hija
sin
hijo

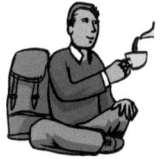

gost

invitado

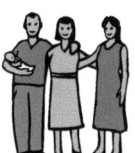

ujna, tetka, strina

tía

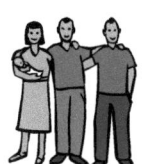

ujak, tetak, stric

tío

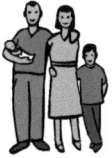

brat

hermano

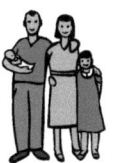

sestra

hermana

tijelo
cuerpo

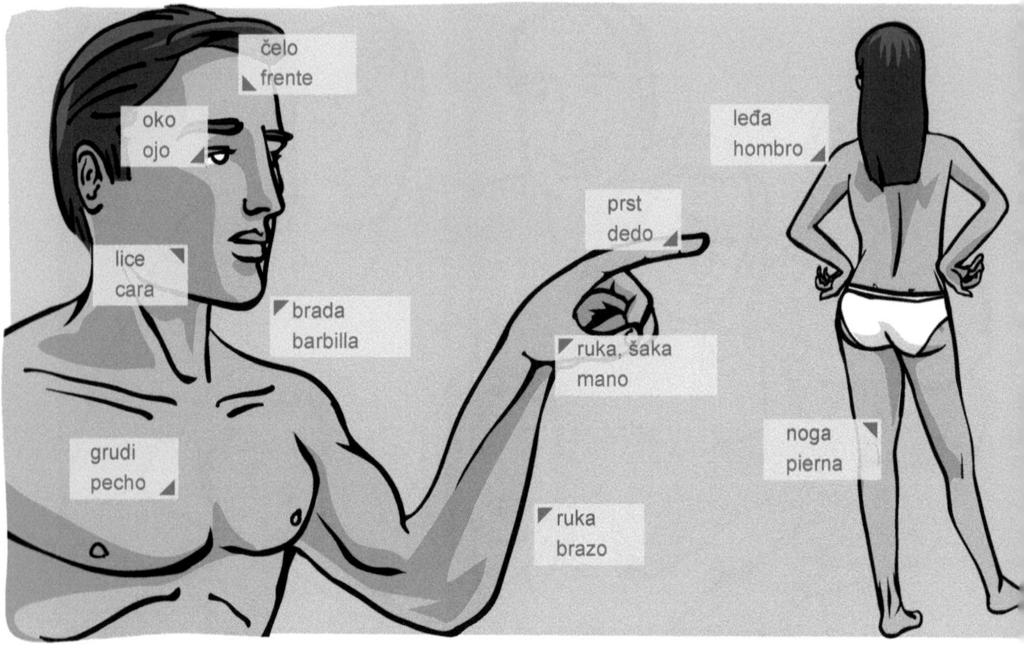

čelo
frente
oko
ojo
leđa
hombro
prst
dedo
lice
cara
brada
barbilla
ruka, šaka
mano
noga
pierna
grudi
pecho
ruka
brazo

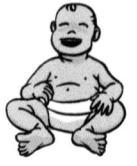

beba
bebé

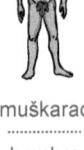

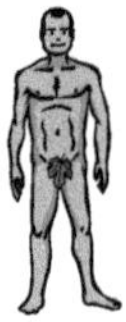

muškarac
hombre

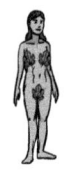

žena
mujer

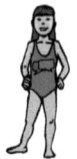

djevojčica
chica

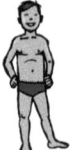

dječak
chico

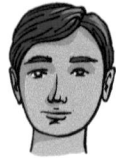

glava
cabeza

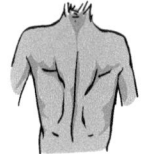

leđa

espalda

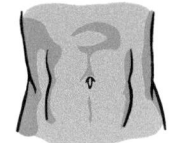

stomak

vientre

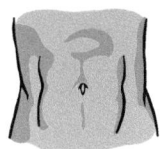

pupak

ombligo

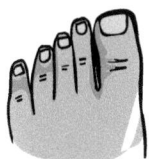

nožni prst

dedo del pie

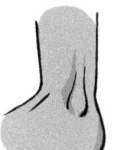

peta

talón

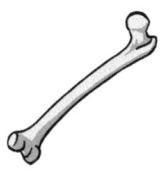

kosti

hueso

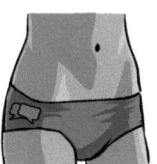

kuk

cadera

koljeno

rodilla

lakat

codo

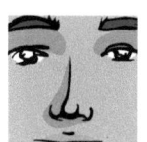

nos

nariz

stražnjica

trasero

koža

piel

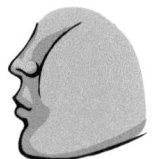

obraz

mejilla

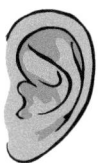

uho

oído

usna

labio

usta
....
boca

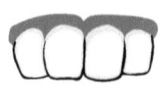

zub
....
diente

jezik
....
lengua

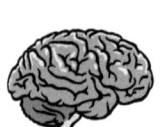

mozak
....
cerebro

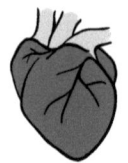

srce
....
corazón

mišić
....
músculo

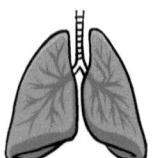

pluća
....
pulmón

jetra
....
hígado

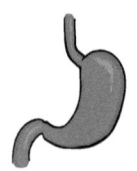

želudac
....
estómago

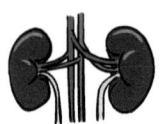

bubreg
....
riñones

spolni odnos
....
sexo

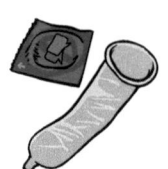

kondom
....
condón

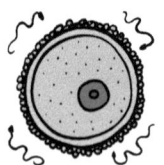

jajna ćelija
....
ovario

sperma
....
semen

trudnoća
....
embarazo

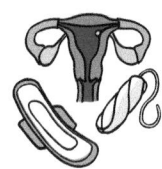

menstruacija
menstruación

vagina
vagina

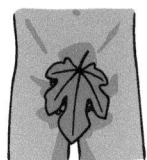

penis
pene

obrva
ceja

kosa
pelo

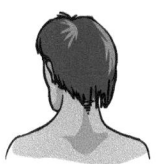

vrat
cuello

bolnica
hospital

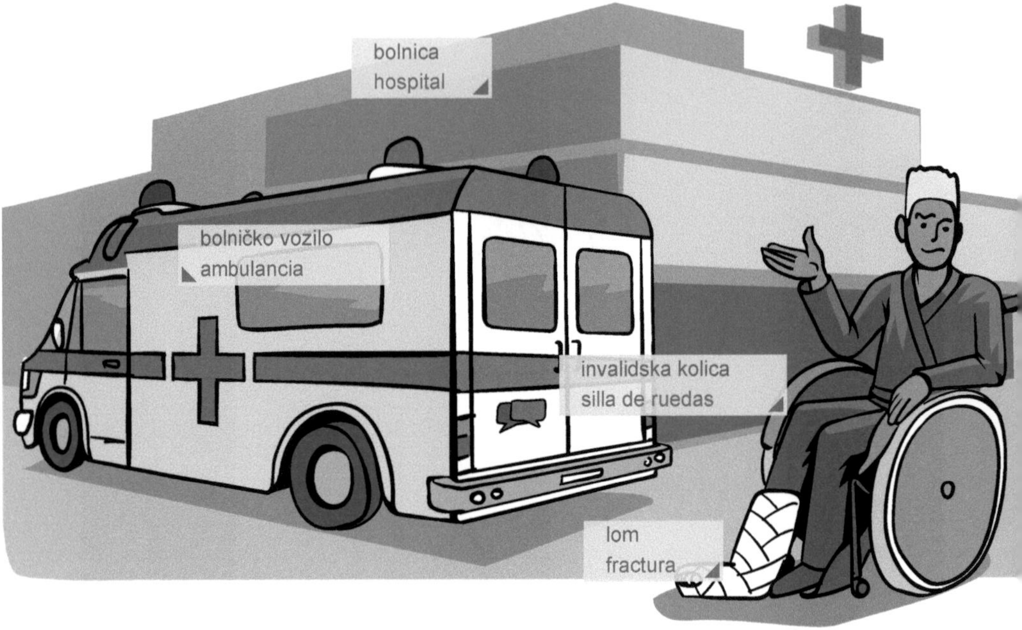

bolnica
hospital
bolničko vozilo
ambulancia
invalidska kolica
silla de ruedas
lom
fractura

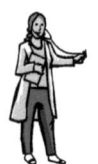

ljekar

médico

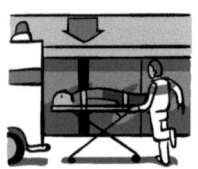

hitna služba

sala de urgencias

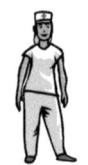

medicinska sestra

enfermera

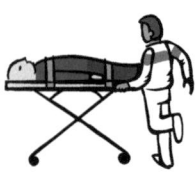

hitna pomoć

urgencia

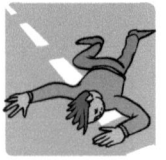

nesvjest

inconsciente

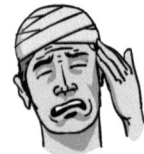

bol

dolor

povreda

lesión

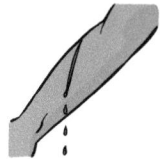

krvarenje

hemorragia

srčani udar, infarkt

infarto

moždani udar

ictus

alergija

alergia

kašalj

tos

groznica

fiebre

gripa

gripe

proljev

diarrea

glavobolja

dolor de cabeza

rak

cáncer

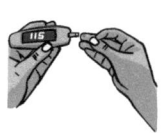

dijabetes

diabetes

hirurg

cirujano

skalpel

bisturí

operacija

operación

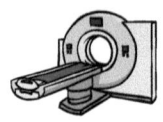

CT
TAC

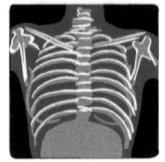

rendgen
rayos x

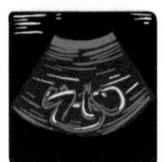

ultrazvuk
ultrasonido

maska
mascarilla

bolest
enfermedad

čekaonica
sala de espera

štake
muleta

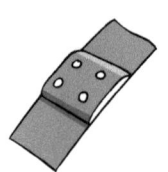

flaster
tirita

zavoj
venda

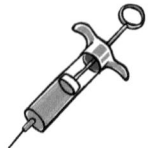

injekcija
inyección

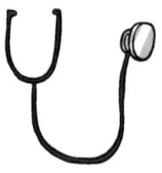

stetoskop
estetoscopio

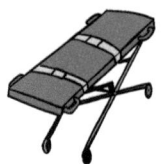

nosilo
camilla

termometar
termómetro

porod
nacimiento

prekomjerna težina, debljina
sobrepeso

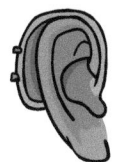

slušni aparat

audífono

sredstvo za dezinfekciju

desinfectante

infekcija

infección

virus

virus

HIV/ AIDS

VIH / SIDA

medicina

medicina

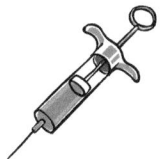

vakcinacija

vacunación

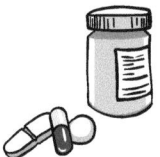

tablete

tabletas

pilula

pastilla

hitni poziv

llamada de urgencia

aparat za mjerenje pritiska

tensiómetro

bolestan / zdrav

enfermo / sano

Upomoć!

¡Socorro!

alarm

alarma

napad, prepad

asalto

napad

ataque

opasnost

peligro

izlaz u slučaju opasnosti

salida de emergencia

Požar!

¡Fuego!

vatrogasni aparat

extintor de incendios

nezgoda

accidente

torba prve pomoći

botiquín de primeros auxilios

SOS

SOS

policija

policía

Europa

Europa

Sjeverna Amerika

Norteamérica

Južna Amerika

Sudamérica

Afrika

África

Azija

Asia

Australija

Australia

Atlantik

Atlántico

Pacifik

Pacífico

Indijski okean

Océano Índico

Antarktički okean

Océano Antártico

Arktički okean

Océano Ártico

Sjeverni pol

polo norte

Južni pol

polo sur

Antarktik

Antártida

Zemlja

tierra

zemlja

tierra

more

mar

ostrvo

isla

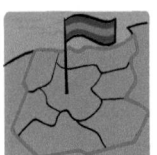

nacija

nación

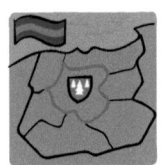

država

estado

brojčanik sata

esfera

kazaljka sata

manecilla de las horas

kazaljka minute

minutero

kazaljka sekunde

segundero

Koliko je sati?

¿Qué hora es?

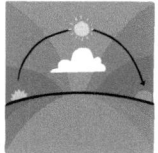

dan

día

vrijeme

tiempo

sada

ahora

digitalni sat

reloj digital

minuta

minuto

sat

hora

ponedjeljak
lunes

srijeda
miércoles

petak
viernes

utorak
martes

subota
sábado

četvrtak
jueves

nedjelja
domingo

juče
ayer

danas
hoy

sutra
mañana

jutro
mañana

podne
mediodía

veče
tarde

radni dani
días laborables

vikend
fin de semana

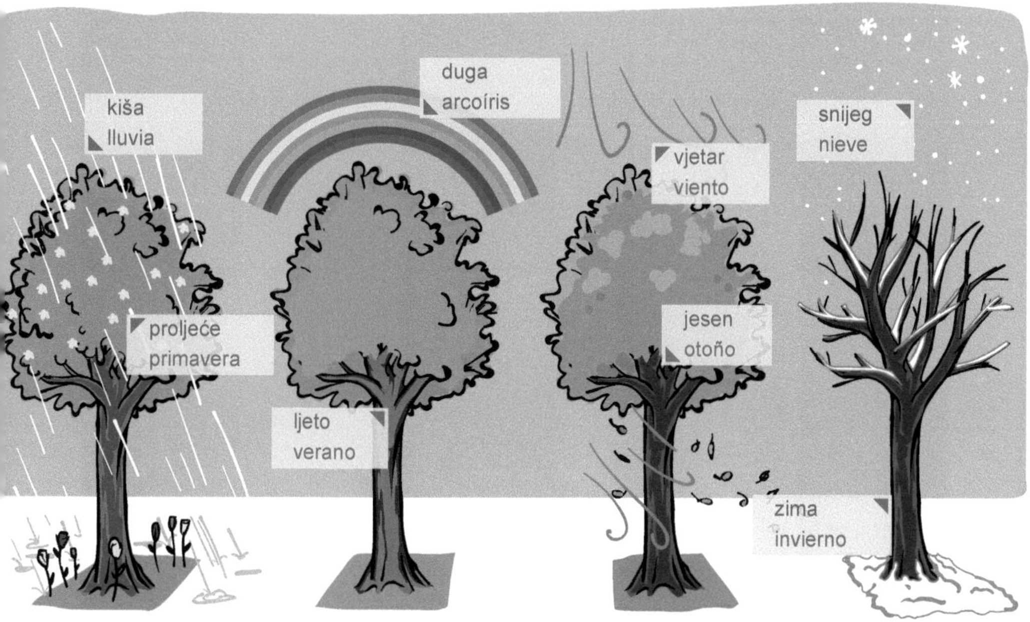

kiša
lluvia
duga
arcoíris
snijeg
nieve
vjetar
viento
proljeće
primavera
jesen
otoño
ljeto
verano
zima
invierno

4.APRIL 11°
5.APRIL 4°
6.APRIL 13°
7.APRIL 8°
8.APRIL 10°

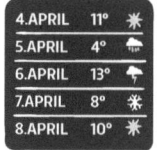

prognoza vremena

pronóstico del tiempo

F
C
120
90
60
30
0
-30
40
30
20
10
0
-10
-20

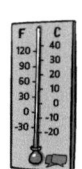

termometar

termómetro

sunčev sjaj

sol

oblak

nube

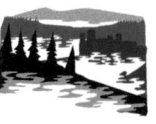

magla

niebla

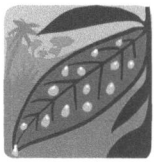

vlažnost vazduha

humedad

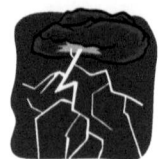

munja
....
rayo

grom
....
trueno

oluja
....
tormenta

tuča, led
....
granizo

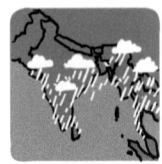

monsun
....
monzón

poplava
....
inundación

led
....
hielo

januar
....
enero

februar
....
febrero

mart
....
marzo

april
....
abril

maj
....
mayo

juni
....
junio

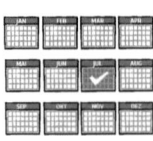

juli
....
julio

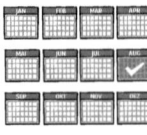

avgust
....
agosto

godina - año

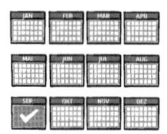

septembar

septiembre

oktobar

octubre

novembar

noviembre

decembar

diciembre

oblici
formas

krug

círculo

kvadrat

cuadrado

pravougao

rectángulo

trougao

triángulo

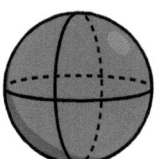

kugla

esfera

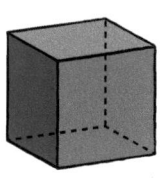

kocka

cubo

boje
colores

bjel
....
blanco

žut
....
amarillo

narandžast
....
anaranjado

pink
....
rosa

crven
....
rojo

ljubičast
....
morado

plav
....
azul

zelen
....
verde

smeđ
....
marrón

siv
....
gris

crn
....
negro

malo / mnogo

mucho / poco

ljutit / miran

enojado / tranquilo

lijep / ružan

bonito / feo

početak / kraj

principio / fin

veliki / mali

grande / pequeño

svijetlo / tamno

claro / oscuro

brat / sestra

hermano / hermana

čist / prljav

limpio / sucio

potpun / nepotpun

completo / incompleto

dan / noć

día / noche

mrtav / živ

muerto / vivo

široko / usko

ancho / estrecho

ukusno / neukusno

comestible / no comestible

zao / prijatan

malo / amable

uzbuđen / dosadan

entusiasmado / aburrido

debeo / mršav

gordo / delgado

najprije / najkasnije

primero / último

prijatelj / neprijatelj

amigo / enemigo

pun / prazan

lleno / vacío

trvd / mekan

duro / blando

težak / lagan

pesado / ligero

glad / žeđ

hambre / sed

bolestan / zdrav

enfermo / sano

ilegalan / legalan

ilegal / legal

inteligentan / glup

inteligente / tonto

lijevo / desno

izquierda / derecha

blizu / daleko

cerca / lejos

nov / polovan
nuevo / usado

ništa / nešto
nada / algo

star / mlad
viejo / joven

uključeno / isključeno
encendido / apagado

otvoreno / zatvoreno
abierto / cerrado

tiho / glasno
silencioso / ruidoso

bogat / siromašan
rico / pobre

tačno / pogrešno
correcto / incorrecto

hrapav / glatak
áspero / suave

tužan / srećan
triste / contento

kratak / dug
corto / largo

spor / brz
lento / rápido

mokro / suho
húmedo / seco

toplo / hladno
cálido / frío

rat / mir
guerra / paz

0	**1**	**2**
nula	jedan	dva
cero	uno	dos

3	**4**	**5**
tri	četiri	pet
tres	cuatro	cinco

6	**7**	**8**
šest	sedam	osam
seis	siete	ocho

9	**10**	**11**
devet	deset	jedanaest
nueve	diez	once

12

dvanaest

doce

13

trinaest

trece

14

četrnaest

catorce

15

petnaest

quince

16

šesnaest

dieciséis

17

sedamnaest

diecisiete

18

osamnaest

dieciocho

19

devetnaest

diecinueve

20

dvadeset

veinte

100

sto

cien

1.000

hiljada

mil

1.000.000

milion

millón

engleski

inglés

američki engleski

inglés americano

kinesko mandarinski

chino mandarín

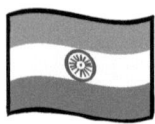

hindi

hindi

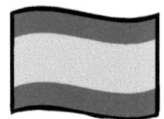

španski

español

francuski

francés

arapski

árabe

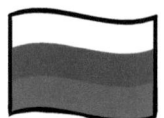

ruski

ruso

portugalski

portugués

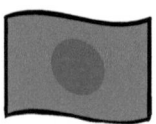

bengalski

bengalí

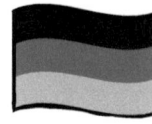

njemački

alemán

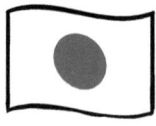

japanski

japonés

ja
yo

ti
tú

on / ona / ono
él / ella / ello

mi
nosotros/as

vi
vosotros/as

oni
ellos/as

ko?
¿quién?

šta?
¿qué?

kako?
¿cómo?

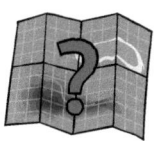

gdje?
¿dónde?

kada?
¿cuándo?

ime
nombre

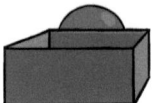

iza

detrás

u

en

pred

delante de

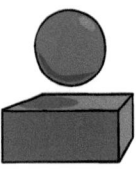

iznad

por encima de

na

sobre

ispod

debajo de

pored

junto a

između

entre

mjesto

lugar